CONTENTS

	PAGE
マフラー	04
ショルダーバッグ＆ベレー帽	06
クマ	08
茶色のバッグ	09
モノトーンのバッグ	10
バク	11
帽子	12
マルチカバー	13
ネックウオーマー	14
ゾウ	16
ポシェット	18
ピンクッション	19
クッション	20
モヘアのバッグ	21
犬	22
ネコ	23
イルカ	24
ペンギン	25
親子ガメ	26

＊作品および基本の道具と材料、モチーフ編みの基本で使用している毛糸は、
　すべてハマナカ株式会社の製品を使用しています。

	PAGE
マット	27
クラッチバッグ	28
カメレオン	30
メガネケース	31
ボール	32
基本の道具と材料	33
モチーフ編みの基本	34
編み図見本	34
作り目をする	35
糸の色を替える	38
糸始末をする	40
はぎ合わせる	41
縁をつける	43
基本の編み方	45
材料と作り方	49

マフラー

多色使いのモチーフも、色のトーンを揃えるとまとまった印象に。はぎ合わせるモチーフの数で、長さをアレンジできます。

デザイン・製作　孫孟君
→p.50

ショルダーバッグ＆ベレー帽

中央が立体的な花に見えるモチーフを、2パターンの色合わせでバッグと帽子に。中央の部分をカラフルな糸で編むと、また印象が変わります。

デザイン・製作　鹿野陽子
→ p.51,53

クマ

モチーフの中心部分を鼻に見立てた、かわいらしいクマ。ふんわりした綿を詰めたら、触り心地も柔らか。

デザイン・製作　白戸 薫
→ **p.54**

茶色のバッグ

茶系のモチーフを組み合わせた、使いやすいサイズのバッグ。糸のトーンを揃えることで、大人かわいい雰囲気に。

デザイン・製作　大住秩詞子
→p.60

モノトーンのバッグ

コイル状の編み地が特徴的なモチーフは、モノトーンでまとめて、クラシカルなデザインのバッグにしました。

デザイン・製作　大住秩詞子
→ p.62

バク

ボディはツートンのモチーフを
組み合わせて。個性的なフォル
ムのバクは、インテリアとして
も楽しめます。

デザイン・製作　あ.Mu-！
→ **p.64**

11

帽子

冬のオシャレの定番のニット帽。モチーフの外側の色を同じにして、色とりどりの大きな花が咲いたようなイメージに。

デザイン・製作　まるも多香子
→ p.70

マルチカバー

何枚ものモチーフをはぎ合わせて、大きな1枚のカバーに。お部屋のアクセントにしたり、ひざ掛けにしても素敵です。

デザイン　ZIZAI工房
製作　菊池洋子
→p.74

ネックウォーマー

東欧風の色合わせで編んだ五角形のモチーフを組み合わせたら、おしゃれなつけ襟風のネックウォーマーになりました。

デザイン・製作　ZIZAI工房
→ p.76

ゾウ

バクと同じモチーフを、カラフルな色合わせで編んで組み合わせました。糸の太さの違いだけで、親子のゾウになります。

デザイン・製作　あ.Mu-!
→p.66

ポシェット

アクリルのしっかりした糸で編んだ、内袋なしの1枚仕立てのポシェット。同じ配色のモチーフだけを使ってシンプルに。

デザイン　一郡えみり
製作　鎌野玲子
→ p.78

ピンクッション

モチーフ2枚を合わせたお手軽なピンクッションは、プレゼントにしても喜ばれそう。両面の配色を変えて楽しんで。
デザイン・製作　鹿野陽子
→ p.77

クッション

六角形のモチーフでクッションを包みました。モチーフをはいだこま編みの糸を目立たせて、全体のアクセントに。

デザイン・製作　小川佳代子
→ p.80

モヘアのバッグ

黒地ベースのバッグは、中心部分にパステルカラーのモヘア糸を使うことで、ふんわり優しい仕上がりになっています。

デザイン・製作　榎本レイ子
→p.82

犬

ビーグル犬をイメージしたフォルムは、コロンとしたかわいらしさ。モチーフには、ラメの入った糸を使っています。

デザイン・製作　まるも多香子
→ **p.71**

ネコ

まるで絵本から抜け出たような
ユーモラスなネコは、足を自由
に動かせます。長めの尻尾もチ
ャームポイント。

デザイン・製作　白戸 薫
→ p.56

イルカ

しなやかなイルカらしいシルエットは、六角形と五角形のモチーフの組み合わせだけでできています。

デザイン・製作　五月女きみ代
→p.84

ペンギン

かわいらしい赤ちゃんペンギンは、触り心地もふわふわ。柔らかい毛糸の質感を生かして、綿は少なめに詰めましょう。

デザイン・製作　まるも多香子
→ p.73

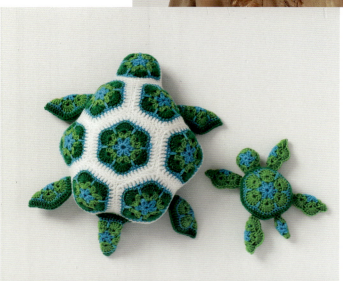

親子ガメ

六角形の周囲に五角形のモチーフをはぎ合わせたら、まるで甲羅の柄のようになりました。小さな子ガメもセットにして。

デザイン・製作　五月女きみ代
→ p.86

マット

3パターンのモチーフを規則的に組み合わせたマットは、足元を暖かくしてくれるだけでなく、お部屋のアクセントにも。

デザイン　一郡えみり
製作　鎌野玲子
→ **p.88**

クラッチバッグ

カジュアルな服装にも合わせやすいデザインは、モチーフと同じ糸で作ったタッセルと木製のトグルがポイント。

デザイン・製作　深津よね子
→p.90

カメレオン

襟巻きを巻いたような、凝った
シルエットのカメレオン。モチ
ーフの編み地を活かした顔は、
どこかユーモラスな表情が魅力。

デザイン・製作　白戸 薫
→p.58

メガネケース

モチーフをはぎ合わせてから半分に折り、袋状のケースに仕立てました。落下防止に、内側にスナップボタンをつけています。

デザイン・製作　鹿野陽子
→p.92

ボール

五角形と六角形のモチーフで作る、カラフルなボールです。中に入れた球状の発泡スチロールの代わりに、綿を詰めてもOKです。

デザイン・製作　新井 翔
→p.94

基本の道具と材料

フラワーモチーフの作品を作るときに必要な基本の道具と、使用した毛糸の種類を紹介します。

道具について

主に使用する道具は、この2つ。そのほか、糸切りばさみや定規を用意します。

かぎ針

この本では、4/0号～6/0号のかぎ針を使用。号数が小さいほど細く、大きいほど太くなる。手の加減で編みあがったモチーフのサイズも変わってしまうので、編み目が緩くモチーフが大きくなってしまう場合は細めの針を、反対に編み目がきつくモチーフが小さくなってしまう場合は、太めの針を使って調整する。

とじ針

糸始末や、モチーフどうしをはぎ合わせるときに使用し、太さは毛糸の太さに合わせて選ぶ。太いとじ針（写真右）は「モノトーンのバッグ」（p.10）のモチーフのコイル編みで使用している。

毛糸の太さの目安

この本で使用した毛糸の一部を実物大で載せています。毛糸を選ぶときの参考にしましょう。
＊すべてハマナカ株式会社の毛糸を使用しています。
＊写真は実物大。

〈 並太 〉(なみぶと)

ハマナカソノモノアルパカウール《並太》

ハマナカアメリー

ハマナカアルパカモヘアフィーヌ

ハマナカモヘア

ハマナカポアンティ《ラメ》

〈 合太 〉(あいぶと)

ハマナカエクシードウールFL《合太》

ハマナカねんね

〈 中細 〉(ちゅうぼそ)

ハマナカコロポックル

ハマナカピッコロ

33

モチーフ編みの基本

この本の作品を作るときに必要な、基本の作業のポイントを解説します。
編むときは「編み図」、色替えは「配色表」、
はぎ合わせるときは「配置図」をそれぞれ参照しながら作業しましょう。

編み図見本

＊編み図はわかりやすいように段ごとに色を変えています。
＊編み記号のそれぞれの編み方は、p.45「基本の編み方」を参照。

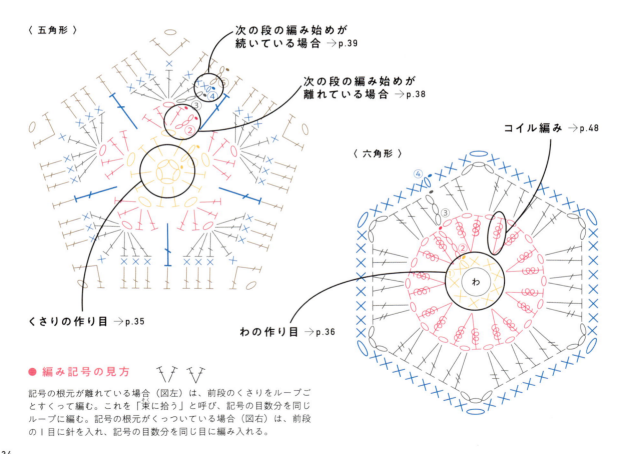

● 編み記号の見方

記号の根元が離れている場合（図左）は、前段のくさりをループごとにすくって編む。これを「束に拾う」と呼び、記号の目数分を同じループに編む。記号の根元がくっついている場合（図右）は、前段の1目に針を入れ、記号の目数分を同じ目に編み入れる。

作り目をする

編み始めには必ず土台となる「作り目」をします。

【くさりの作り目】
編み図の中心がくさりの輪になっている場合。

① 左手に毛糸（以下糸）をかけ、かぎ針（以下針）を糸の向こう側に当て矢印の向きに回す。

② 針に糸の輪ができる。

③ ②の輪を親指と中指で押さえ、②の矢印のように針に糸をかけて引き抜く。

④ 引き抜いたところ。

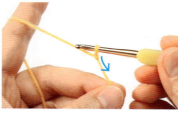

⑤ 糸端を引いて、引き締める。

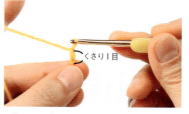

⑥ ③と同じ要領で針に糸をかけて引き抜く。くさりが1目編める。

⑦ 続けて、くさりを指定の数編む（写真は5目）。

⑧ ねじれないように1目めのくさりに針を入れる（裏山と外側半目をすくう）。

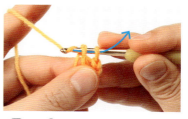

⑨ ⑧の矢印のように針に糸をかけ、引き抜く。

35

⑩ 引き抜いたところ。

⑪ 形を整える。くさりの作り目ができる。

1段めを編むときには…

立ち上がりの目（写真はくさり3目）を編んだら、⑩でできたくさりの「輪」の中に針を入れて糸を引き出して編み進める。くさりの「目」の中に、針を入れて編まないように注意する。

【わの作り目】 編み図の中心の円の中に「わ」と書いてある場合。

① 左手の人さし指に、糸を2回巻きつける。

② 巻きつけてできた輪を崩さないように、右手でつまんではずす。

③ 左手の人さし指に糸玉側の糸をかけ、輪を親指と中指に持ち替える。

④ かぎ針を右手で持ち、輪の中に入れる。

⑤ ④の矢印のように針に糸をかけて引き出す。

⑥ 引き出したところ。

⑦ 立ち上がりの目を編み、④、⑤と同様に針を輪の中に入れて糸を引き出しながら1段めを編む（写真は立ち上がりのくさり1目）。

⑧ 1段目が編み終わったところ（写真はこま編み9目）。針にかかった糸の輪を少し広げて針をはずす。

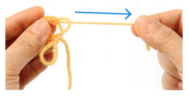
⑨ 糸端を軽く引く。

⑩ 2本の輪のうち、動いたほうの輪をつまんで引っ張る。もう1本の輪が縮まる。

⑪ 次に糸端を引っ張り、⑩で広がった輪を引き締める。

⑫ 針を戻し、⑦で立ち上がりの目の次に編んだ1め（写真はこま編みの頭）に針を入れて糸を引き抜く（引き抜き編み）。わの作り目の1段めが編める。

糸の色を替える

次の段の立ち上がりの目の位置によって、色替えの位置も変わります。

【編み始めが離れている場合】

段の終わりの引き抜き編みと、次の段の立ち上がりの目が離れているときは、次の段から別の色の糸で編み始めます。

① 段の最後まで編んだら、立ち上がりのくさりの目（★）に針を入れる。

② 針に糸をかけて引き抜き編みをする。

③ 引き抜いたところ。糸を10cmほど残して切る。

④ 針に糸をかけ、糸端を引き抜く。

⑤ 糸端を引き締める。段が編み終わったところ。

⑥ 左手に別の色の糸をかけ、次の段の編み始めの位置（写真はくさりのループ）に針を入れる。

⑦ 針に糸をかけて引き出す。

⑧ さらに糸をかけて引き抜き、引き締める。別の色の糸がついたところ。

⑨ 続けて立ち上がりの目（写真はくさり3目）を編み、次の段を編む。

糸の色を替えない場合

糸の色は替えないが、段の終わりの引き抜き編みと、次の段の立ち上がりの目の位置が離れているときは、編み始めの位置に引き抜き編みで移動します。

① 段の最後まで編んだら、立ち上がりのくさりの目に引き抜き編みをする。

② ①の隣の目（写真は長編み）の頭に針を入れ、引き抜き編みをする。

③ ②と同様に、次の編み始めの位置まで引き抜き編みで移動する。

【編み始めが続いている場合】

段の終わりの引き抜き編みと、次の段の立ち上がりの目の位置が同じときは、引き抜き編みから別の色の糸に替えます。

① 段の終わりの引き抜き編みの手前まで編んだら、立ち上がりのくさりの目に針を入れる。

② 左手に別の色の糸をかける。針に別の色の糸をかけて引き抜き編みをする。

③ さらに針に糸をかけて引き抜く。

④ 糸を引き締める。別の色の糸がついたところ。

⑤ 続けて、立ち上がりの目（写真はくさり1目）を編み、次の段を編む。

糸始末をする

モチーフを編み終わったら、とじ針ですべての糸端を始末します。

① 最後の段の立ち上がりの目に引き抜き編みをする。

② さらに糸をかけて引き抜き、10cmほど残して糸を切る。

③ 針にかかった糸を引っ張って糸端を引き出し、針をはずして引き締める。

④ モチーフを裏返し、始末したい糸の近くの同じ色の編み地に、糸を割るようにとじ針を通す。

⑤ とじ針の穴に糸端を通す。とじ針を先に通すことで、短い糸端でも穴に通すことができる。

⑥ とじ針を引き出し、余分な糸を切る。

⑦ 同様に、すべての糸端を処理する。

はぎ合わせる

編み終わったモチーフは、配置図を確認しながらはぎ合わせます。

【巻きかがりではぐ】

とじ針を使ってはぎ合わせます。

① 糸を50cmほど切り、とじ針に通す。

② モチーフの表側を上にして並べ、はぎ合わせたい辺の角の半目どうしをとじ針ですくう。

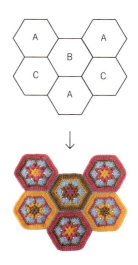

配置図見本

③ とじ針を引き抜き、糸端は10cmほど残しておく。続けて②の上の半目どうしをとじ針ですくう。

④ 同様に、常に同じ方向から半目どうしをとじ針ですくってはぎ合わせていく。

⑤ 1辺をはぎ合わせたところ。次のモチーフをはぎ合わせる場合は、糸は切らずに続けてはぎ合わせ、最後に糸端を始末する。

糸を割らずにすくうには

とじ針の頭（穴側）を使うと、モチーフの糸を割らずにすくうことができます。

【こま編みではぐ】 モチーフを外表に合わせて端をこま編みします。

① 左手に糸をかける。モチーフを外表に合わせ、辺の端どうしの編み目の頭に2枚一緒に針を入れ、針に糸をかけて引き抜く。

② さらに針に糸をかけて引き抜く。

③ 立ち上がりのくさり1目を編む。

④ ①と同じ目に針を入れ、こま編みを1目編む。

⑤ こま編みが1目編めたところ。

⑥ 隣の編み目の頭に2枚一緒に針を入れ、こま編みを1目編む。同様に端までこま編みを編む。

⑦ 端まで編んだら、糸を10cmほど残して切る。針にかかった糸の輪を引っ張り、糸端を引き出す。

⑧ 1辺をはぎ合わせたところ。次のモチーフをはぎ合わせる場合は、糸は切らずに続けてはぎ合わせ、最後に糸端を始末する。

縁をつける

マットの周囲やバッグの入れ口などに、こま編みで縁をつけます。

【1段編む場合】
裏側からぐるりと1周こま編みで編みます。

① 左手に糸をかける。モチーフの裏側を手前にして持ち、編み目の頭に針を入れて糸をかけて引き抜く。

② さらに針に糸をかけて引き抜いてから、立ち上がりのくさり1目を編む。

③ ①と同じ目に針を入れ、こま編みを1目編む。

④ 隣の編み目の頭に針を入れ、こま編みを1目編む。続けてこま編みを編む。

⑤ 出っ張った角がある場合は、角の頂点の手前の目までこま編みをする。

⑥ 角の頂点にこま編み1目を編んだら、くさり1目を編む。

⑦ 再び⑤と同じ目にこま編みを1目編む。角の増やし目が編めたところ。

⑧ 続けてこま編みを編む。はぎ合わせた凹みがある場合は、はぎ合わせた手前の目までこま編みをする。

⑨ 右側のモチーフのはぎ合わせた半目に針を入れ、糸をかけて引き出す。

43

⑩ さらに、左のモチーフのはぎ合わせた半目に針を入れ、糸をかけて引き出す。

⑫ 針に糸をかけ、針にかかった全ての糸の輪を一度に引き抜く（こま編み2目一度）。凹みの減らし目が編めたところ。

⑬ 同様に増やし目と減らし目をしながら1周編み、最後は最初のこま編みの頭に針を入れ、引き抜き編みをする。

【2段以上編む場合】 2段めからは、往復編みをします。

① 偶数段編むときは表側、奇数段編むときは裏側を手前にして持ち、1周編む（写真は2段編む場合）。

② 1段めを編んだら、裏に返して持ち直し、1段めと同様に編み始める。

③ 出っ張った角は、1段めと同様に増やし目をする。

④ 凹み部分は、1段めの減らし目（★）の1つ手前の目と1つ先の目に針を入れてそれぞれ糸を引き出す。

⑤ 続けて針に糸をかけ、針にかかった全ての糸の輪を一度に引き抜く（こま編み2目一度）。

⑥ 2段めの凹みの減らし目が編めたところ。3段め以降の凹み部分は、すべて同様に減らし目をする。

基本の編み方

この本の作品に使用している編み記号と編み方です。しっかりマスターしましょう。

◯ **くさり編み**　針に糸をかけ、針にかかった糸の輪を引き抜く。

● **引き抜き編み**　編み目の頭2本に針を入れ、糸をかけて引き抜く。

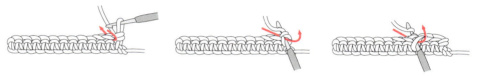

⊖ **引き抜き編みのすじ編み**　編み目の頭の半目に針を入れ（「長編みのすじ編み」参照）、引き抜き編みをする。

✕ **こま編み**　前段の目に針を入れるかくさりを束に拾い、糸をかけて引き出す。
さらに糸をかけて、針にかかった全ての糸の輪を引き抜く。

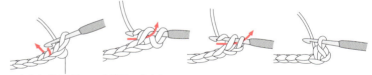

立ち上がり1目　　上半目に針を入れる

✕ **こま編みのすじ編み**　前段の目の半目（「長編みのすじ編み」参照）またはくさりの半目に針を入れ、こま編みを編む。

V **こま編み2目編み入れる**　前段の同じ目にこま編み2目を編む。目を増やすときに使う。

2目　　1目増

V **こま編み3目編み入れる**　「こま編み2目編み入れる」と同様に、同じ目にもう1目（合計3目）を編む。

こま編み2目一度　前段の2目を続けて拾い、まとめて引き抜く。
目を減らすときに使う。

 こま編み3目一度　「こま編み2目一度」と同様に、もう1目（合計3目）を拾って1目を編む。

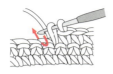 

中長編み　針に糸をかけ、前段の目に針を入れる、またはくさりを束に拾い、糸をかけて引き出す。
さらに糸をかけて針にかかった全ての糸の輪を引き抜く。

    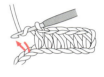

中長編み2目の玉編み　針に糸をかけ、前段の目に針を入れる、またはくさりを束に拾い、糸をかけて引き出す。
これをもう1度繰り返したら、糸をかけて全ての糸の輪を引き抜く。

 中長編み7目の玉編み　針に糸をかけ、前段の目に針を入れる、またはくさりを束に拾い、糸をかけて引き出す。
これを7回繰り返したら、糸をかけて全ての糸の輪を引き抜く。

 長編み　針に糸をかけ、前段の目に針を入れる、またはくさりを束に拾い、糸をかけて引き出す。
糸をかけて、針にかかった2本の糸の輪を引き抜く（ここまでが未完成の長編み）。
さらに糸をかけて針にかかった残りの2本の糸の輪を引き抜く。

 長編み2目一度　前段2目（「こま編み2目一度」参照）にそれぞれ未完成の長編みを編み、まとめて引き抜く。

 長編み3目一度　「長編み2目一度」と同様に、前段3目にそれぞれ未完成の長編みを編み、まとめて引き抜く。

長編みのすじ編み
前段の目の頭のくさりの奥側の半目に針を入れ、長編みを編む。

 長編みの表引き上げ編み
前段の目の足をすくい、長編みを編む。

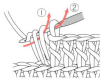

 長編み3目の玉編み　同じ目に未完成の長編みを3目編み、糸をかけて全ての糸の輪を引き抜く。

 長編み5目のパプコーン編み
同じ目に長編みを5目編み、かぎ針をはずす。1目めの長編みの頭に針を入れ、はずした糸の輪を針にかけて引き抜いてから、くさりを1目編む。

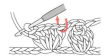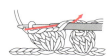

 長々編み
針に糸を2回かけ、前段の目の頭（またはくさりの下）に針を入れて糸をかけて引き出す。さらに、糸をかけて針にかかった2本の糸の輪引き抜く。これをあと2回繰り返す。

コイル編み（10回巻き）

通常はかぎ針に糸を巻いて編みますが、とじ針を使うと簡単に編むことができます。
＊写真は、p.34「編み図見本〈六角形〉」の2段めの編み始めで解説。

① 立ち上がりのくさり4目を編む。

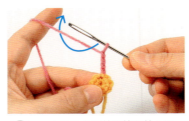

② 太めのとじ針に持ち替えて、とじ針の頭（穴側）を糸の輪に入れる。

③ ②の矢印の向きで、とじ針に糸を10回巻きつける

④ とじ針の頭を、前段の編み目の頭（写真はこま編みの頭）に入れる。

⑤ とじ針の穴に、写真のように糸を通す。

⑥ とじ針に巻きつけた糸を左手で押さえながら、右手でとじ針を引き抜く。

⑦ 引き抜いたら、とじ針をはずす。

⑧ かぎ針に持ち替えて、⑦の糸の輪をかける。

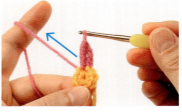

⑨ 糸玉側の糸を引いて、糸の輪を調整する。コイル編みが編めたところ。

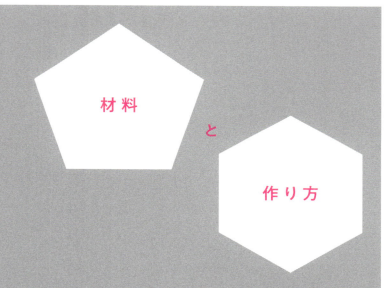

材料 と 作り方

- 作品のでき上がりサイズは、平面のものは横×縦、立体のものは横×縦×高さで表しています。
- 材料の毛糸はすべて、ハマナカ株式会社の毛糸を使用しています。毛糸の太さ（合太毛糸など）の後ろの（　）内の文字は商品名、色名の後ろの（　）内の数字は色番号です。
- 編み図に記載されている編み記号は、p.45の「基本の編み方」を参照してください。
- 編み図に記載されているでき上がりサイズは、モチーフ1枚の「横の最も長い部分」×「縦の最も長い部分」です。
- 編み図はわかりやすいよう、偶数段、奇数段で色分けしています。
- モチーフごとの色替えは、配色表を参照してください。
- 編み終わったモチーフは、1枚ずつアイロン台に広げてのせ、形を整えてまち針でとめてから少し浮かせてスチームアイロンをかけましょう。
- それぞれのモチーフは、配置図を参照して指定の方法ではぎ合わせてください。

マフラー → p.04　でき上がりサイズ：約180cm×25cm

材料・道具
合太毛糸（ハマナカエクシードウールFL《合太》）
　オリーブグリーン（246）…55g、灰緑（241）…48g、
　モスグリーン（220）…48g、
　ダークグリーン（221）…24g、
　オフホワイト（201）…4g、
　ベージュ（202）…12g、茶色（205）…4g、
　オレンジ色（247）…8g、
　ワインレッド（211）…8g、
　赤紫（214）…4g、青紫（245）…16g、
　紺（226）…32g
かぎ針5/0号、とじ針

作り方
1. 編み図と配色表を参照し、わで作り目をしてモチーフを48枚編む。
2. 配置図を参照し、オリーブグリーンの糸で、モチーフどうしを巻きかがりではぎ合わせる（p.41「巻きかがりではぐ」参照）。
3. 縁に、オリーブグリーンの糸でこま編みを1段編む（p.43「縁をつける」参照）。

編み図
＊4段めの角は、3段めの角の長々編み1目にこま編み1目を編み入れ、くさり2目を編んだら再び同じ目にこま編み1目を編む。
でき上がりサイズ：約8.5cm×9.5cm

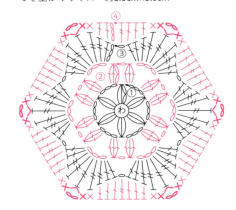

配色表

モチーフ	1段	2段	3段	4段	枚数
A	ダークグリーン	紺	オレンジ色	モスグリーン	4
B	オリーブグリーン	紺	ワインレッド	灰緑	4
C	ダークグリーン	紺	茶色	モスグリーン	4
D	オリーブグリーン	紺	ベージュ	灰緑	4
E	オリーブグリーン	青紫	オリーブグリーン	灰緑	4
F	ダークグリーン	青紫	オレンジ色	モスグリーン	4
G	オリーブグリーン	青紫	ワインレッド	灰緑	4
H	ダークグリーン	青紫	ベージュ	モスグリーン	4
I	オリーブグリーン	紺	赤紫	灰緑	4
J	ダークグリーン	紺	ベージュ	モスグリーン	4
K	オリーブグリーン	紺	オフホワイト	灰緑	4
L	ダークグリーン	紺	オリーブグリーン	モスグリーン	4

配置図

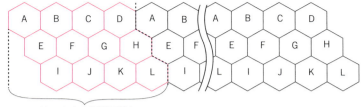

パターンを4回繰り返す

ショルダーバッグ → p.06　でき上がりサイズ：約28cm×21cm

材料・道具

〔モノトーン〕
合太毛糸
　（ハマナカエクシードウールFL《合太》）
　　黒（230）…80g、グレー（229）…35g、
　　白（201）…35g、からし色（243）…12g

〔カラフル〕
合太毛糸
　（ハマナカエクシードウールFL《合太》）
　　青（225）…10g、水色（242）…10g、黄
　　緑（241）…10g、濃ピンク（214）…10g、
　　紫（215）…10g
合太毛糸（リッチモアパーセント）
　　ライトグレー（121）…95g、
　　オレンジ色（86）…10g、
　　黄色（101）…10g

〔共通〕
木綿布…内袋30cm×40cm、
ポケット16cm×15cm
幅1.5cmグログランリボン… 5cm×2本
幅2cmDカン… 2個
ナスカンつき革持ち手… 1本
直径1.3cmのマグネットホック… 1組
かぎ針4/0号、とじ針、縫い糸、縫い針

配色表

〔モノトーン〕

モチーフ	1段	2段	3段	4段	5段	枚数
A	からし色	白	グレー	グレー	黒	18
B	からし色	グレー	白	白	黒	17

〔カラフル〕

モチーフ	1段	2段	3段	4段	5段	枚数
A	ライトグレー	濃ピンク	青	青	ライトグレー	4
B	ライトグレー	水色	黄色	黄色	ライトグレー	4
C	ライトグレー	オレンジ色	黄緑	黄緑	ライトグレー	4
D	ライトグレー	黄色	紫	紫	ライトグレー	3
E	ライトグレー	青	濃ピンク	濃ピンク	ライトグレー	5
F	ライトグレー	黄色	水色	水色	ライトグレー	5
G	ライトグレー	黄緑	オレンジ色	オレンジ色	ライトグレー	5
H	ライトグレー	紫	黄色	黄色	ライトグレー	5

編み図

* 5段めの長々編みは、3段めのくさりのループを拾う。

でき上がりサイズ：約7cm×8cm

作り方

1. 編み図と配色表を参照し、わで作り目をしてモチーフを35枚編む。
2. 配置図を参照し、〔モノトーン〕は黒の糸、〔カラフル〕はライトグレーの糸でモチーフどうしを巻きかがりではぎ合わせる（p.41「巻きかがりではぐ」参照）。
3. ふた部分と入れ口部分の縁に、〔モノトーン〕は黒の糸、〔カラフル〕はライトグレーの糸でこま編みを1段を編む（p.43「縁をつける」参照）。
4. 内袋をつける。
   ❶ポケットの入れ口を1cmの三つ折りにして縫う。
   ❷ポケットの❶以外の辺を1cm裏側に折り、内袋の表側に縫いつける。
   ❸内袋を中表に半分に折り、両脇を縫う。
   ❹❸の縫い代を割り、マチを縫う。
   ❺内袋を中表にし、入れ口を1cm裏側に折る。グログランリボンにDカンを通し、入れ口の両脇にグログランリボンを縫いつける。編み地の中に入れ、入れ口をまつる。
5. 持ち手をつける。

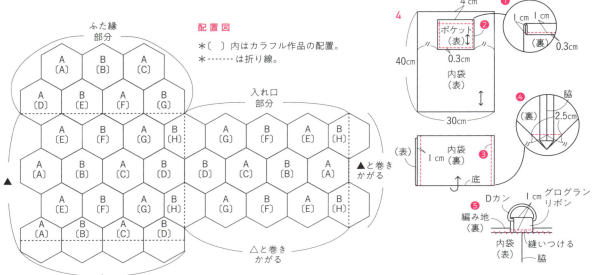

ベレー帽 → p.06　でき上がりサイズ:頭まわり約60cm

材料・道具
合太毛糸
（ハマナカエクシードウールFL《合太》）
　黒（230）…80g、グレー（229）…35g、
　白（201）…35g、からし色（243）…12g
かぎ針4/0号、とじ針

配色表

モチーフ	1段	2段	3段	4段	5段	枚数
A	からし色	白	グレー	グレー	黒	10
B	からし色	グレー	白	白	黒	9

編み図 （1～4段めはp.52と共通）

＊5段めの長々編みは、3段めの
　くさりのループを拾う。
でき上がりサイズ：6cm×6.5cm

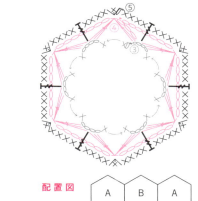

配置図

縁編みの編み方

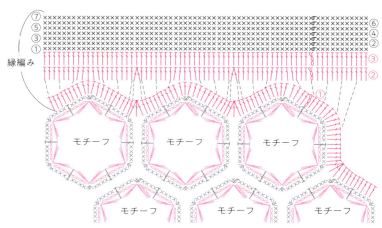

作り方
1　編み図と配色表を参照し、わで作り目をしてモチーフを19枚編む。
2　配置図を参照し、黒の糸でモチーフどうしを巻きかがりではぎ合わせる（p.41「巻きかがりではぐ」参照）。
3　黒の糸でまわりを長編みで3段、こま編み7段で縁を編む。

クマ → p.08　でき上がりサイズ：約30cm×20cm×高さ30cm

材料・道具
並太毛糸（ハマナカアメリー）
　濃ピンク（32）…40g、こげ茶（9）…35g、
　淡茶（23）…34g、茶色（36）…30g、
　黄緑（13）…27g、オレンジ色（4）…21g、
　水色（45）…11g
手芸用化繊綿…適量
直径20mmのボタン（黒）…2個
かぎ針5/0号、とじ針、縫い糸、縫い針

作り方
1. 編み図と配色表を参照し、くさりで作り目をして七角形のモチーフを1枚、六角形のモチーフを8枚、五角形のモチーフを24枚、四角形のモチーフを3枚、わで作り目をして三角形のモチーフを1枚編む。
2. 配置図を参照し、こげ茶の糸で巻きかがりではぎ合わせる（p.41「巻きかがりではぐ」参照）。本体と前足、後ろ足は別にはぎ合わせる。
3. 綿を入れる部分を残して、巻きかがりではぎ合わせる。
4. 3で残した部分から綿を適量入れ、巻きかがりでとじる。
5. 本体に前足と後ろ足をそれぞれ指定の位置に巻きかがる。
6. 耳用にモチーフC2枚をそれぞれ外表に半分に折ってこげ茶の糸で縁を巻きかがる。それぞれ指定の位置に巻きかがる。
7. ボタンを配置図を参照して縫いつける。

編み図
* 〈三角形〉、〈四角形〉以外の1段目は立ち上がりのくさりを編まずに、作り目を引き抜いたあと針にかかっている糸の輪を、少し長めにしてそのまま中長編み2目の玉編みを編む。
* 4段めの中長編みは、2段めの長編みの間に編み入れる。

〈七角形〉
でき上がりサイズ：
約11cm×11cm

〈六角形〉
でき上がりサイズ：
約10.5cm×9.5cm

〈五角形〉
でき上がりサイズ：
約9cm×10cm

〈三角形〉
でき上がりサイズ：
約5cm×6cm

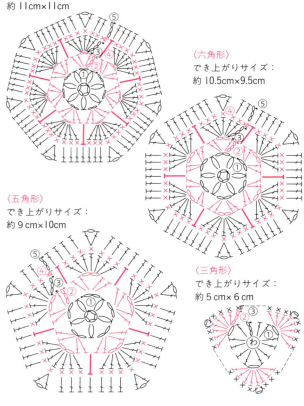

配色表

〈七角形〉

モチーフ	1段	2段	3段	4段	5段	枚数
A	オレンジ色	水色	水色	淡茶	こげ茶	1

〈六角形〉

モチーフ	1段	2段	3段	4段	5段	枚数
B	オレンジ色	濃ピンク	濃ピンク	淡茶	茶色	1
C	オレンジ色	黄緑	黄緑	淡茶	こげ茶	7

〈五角形〉

モチーフ	1段	2段	3段	4段	5段	枚数
D	オレンジ色	濃ピンク	濃ピンク	淡茶	茶色	17
E	オレンジ色	黄緑	黄緑	淡茶	こげ茶	2
F	オレンジ色	水色	水色	淡茶	こげ茶	5

〈四角形〉

モチーフ	1段	2段	3段	4段	枚数
G	オレンジ色	黄緑	淡茶	こげ茶	3

〈三角形〉

モチーフ	1段	2段	3段	枚数
H	オレンジ色	黄緑	こげ茶	1

〈四角形〉
でき上がりサイズ：約8cm×8cm

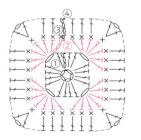

配置図　＊合印どうしを巻きかがる

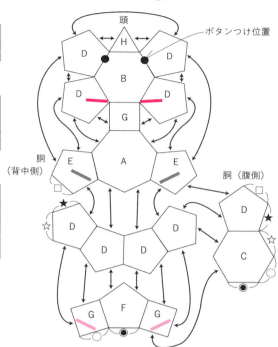

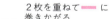

2枚を重ねて ━ に巻きかがる　　2枚を重ねて ━ に巻きかがる
前足　2本　　　　　　　　　　後ろ足　2本

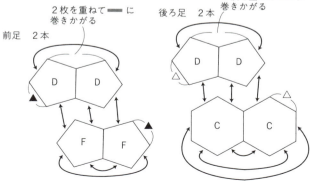

ネコ → p.23　でき上がりサイズ：約18cm×18cm×高さ32cm

材料・道具
並太毛糸（ハマナカアメリー）
　白（20）…40g、ピンク（7）…32g、
　水色（29）…30g、黄色（25）…15g
手芸用化繊綿…適量
フェルト（白、黄色、水色）…各適量
かぎ針5/0号、とじ針、縫い糸、縫い針

作り方
1. 編み図と配色表を参照し、くさりで作り目をして六角形のモチーフを4枚、五角形のモチーフを13枚、四角形のモチーフを4枚、わで作り目をして三角形のモチーフを8枚編む。
2. 配置図を参照し、白の糸で巻きかがりではぎ合わせる（p.41「巻きかがりではぐ」参照）。本体と前足、後ろ足、しっぽは別にはぎ合わせる。
3. 綿を入れる部分を残して、巻きかがりではぎ合わせる。
4. 3で残した部分から綿を適量入れ、巻きかがりでとじる。
5. 本体の指定の位置に、前足と後ろ足、しっぽをそれぞれ巻きかがる。
6. 耳用にモチーフHとIを1枚ずつ外表に重ね、白の糸で縁を巻きかがる。同様にもう1個作る。それぞれ指定の位置に巻きかがる。
7. フェルトで目、鼻を切り、指定の位置に縫いつける。黄色の糸でヒゲをアウトラインステッチで刺す。

編み図 （p.54と共通）
〈六角形〉でき上がりサイズ：約10.5cm×9.5cm
〈五角形〉でき上がりサイズ：約9cm×10cm
〈四角形〉でき上がりサイズ：約8cm×8cm
〈三角形〉でき上がりサイズ：約5cm×6cm

配色表
〈六角形〉

モチーフ	1段	2段	3段	4段	5段	枚数
A	黄色	ピンク	ピンク	水色	白	1
B	黄色	水色	水色	ピンク	白	3

〈五角形〉

モチーフ	1段	2段	3段	4段	5段	枚数
C	黄色	ピンク	ピンク	水色	白	8
D	黄色	水色	水色	ピンク	白	5

〈四角形〉

モチーフ	1段	2段	3段	4段	枚数
E	黄色	ピンク	水色	白	3
F	黄色	水色	ピンク	白	1

〈三角形〉

モチーフ	1段	2段	3段	枚数
G	黄色	ピンク	水色	2
H	ピンク	水色	白	2
I	白	白	白	2
J	黄色	黄色	黄色	2

6　

7　アウトラインステッチ　

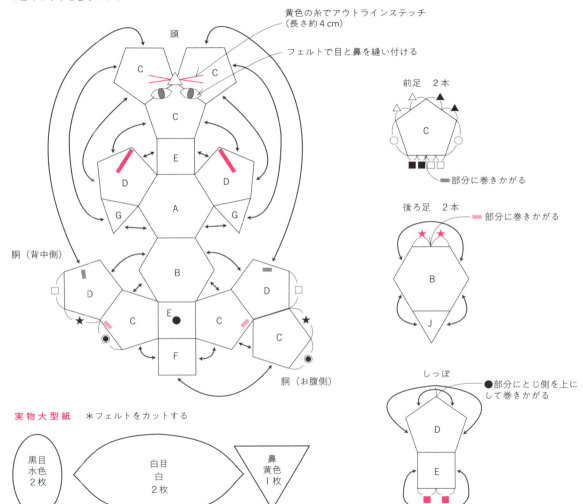

カメレオン →p.30　でき上がりサイズ：約38cm×20cm×高さ15cm

材料・道具

並太毛糸（ハマナカアメリー）
　緑（14）…31g、水色（45）…30g、
　青（46）…30g、黄緑（13）…27g、
　黄色（31）…26g、淡水色（10）…20g
手芸用化繊綿…適量
直径13mmのボタン（グレー）…2個
かぎ針5/0号、とじ針、縫い糸、縫い針

作り方

1　編み図と配色表を参照し、くさりで作り目をして六角形
　のモチーフを9枚、五角形のモチーフを20枚、四角形の
　モチーフを1枚、わで作り目をして三角形のモチーフを
　4枚編む。

2　配置図を参照し、緑の糸で指定の位置はこま編みではぎ
　合わせる（p.42「こま編みではぐ」参照）。ほかは緑の
　糸で巻きかがりではぎ合わせる（p.41「巻きかがりでは
　ぐ」参照）。胴体、頭、前足、後ろ足は別にはぎ合わせ
　る。

3　綿を入れる部分を残して、巻きかがりではぎ合わせる。

4　3で残した部分から綿を適量入れ、巻きかがりでとじる。
　首回りのモチーフを折り、折り山部分に緑の糸でこま編
　みをぐるりと1段編む。首回りのひだは数か所胴体にと
　じる。

5　胴体に頭、前足、後ろ足をそれぞれ指定の位置に巻きか
　がる。

6　目を編む。黄色の糸で、わで作り目をして長編みで1段
　編む。配置図を参照してとじつける。

7　ボタンを目の上に縫いつける。

配色表

〈六角形〉

モチーフ	1段	2段	3段	4段	5段	枚数
A	淡水色	水色	水色	黄色	黄緑	4
B	黄色	青	青	淡水色	緑	5

〈五角形〉

モチーフ	1段	2段	3段	4段	5段	枚数
C	淡水色	水色	水色	黄色	黄緑	9
D	黄色	青	青	淡水色	緑	10
E	緑	緑	緑	緑	緑	1

〈四角形〉

モチーフ	1段	2段	3段	4段	枚数
F	淡水色	水色	黄色	黄緑	1

〈三角形〉

モチーフ	1段	2段	3段	枚数
G	黄色	黄色	黄色	4

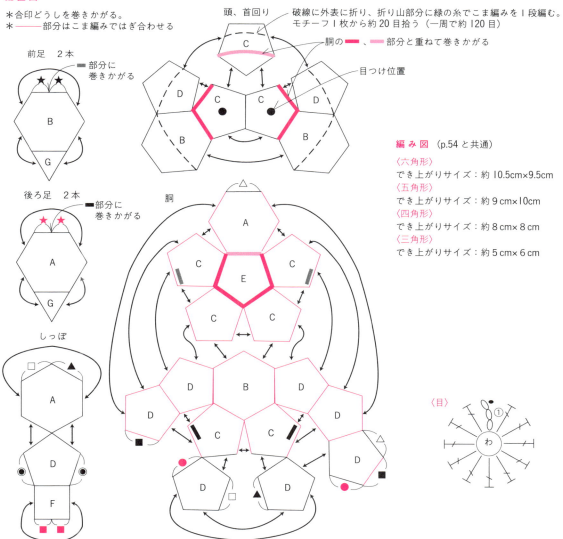

茶色のバッグ → p.09　でき上がりサイズ：約28cm×23cm

材料・道具
並太毛糸（ハマナカエクシードウールL《並太》）
　こげ茶（305）…60g、茶色（333）…40g、
　淡茶（304）…30g、ベージュ（302）…30g
木綿布…内袋30cm×52cm、ポケット15.5cm×14cm
太さ1cmの持ち手用芯…29cm×2本
かぎ針5/0号、とじ針、縫い糸、縫い針

編み図
でき上がりサイズ：約5.5cm×5cm

配色表

モチーフ	1段	2段	3段	枚数
A	茶色	淡茶	茶色	6
B	茶色	ベージュ	茶色	4
C	茶色	こげ茶	茶色	5
D	ベージュ	こげ茶	ベージュ	4
E	ベージュ	淡茶	ベージュ	3
F	ベージュ	茶色	ベージュ	3
G	こげ茶	茶色	こげ茶	4
H	こげ茶	淡茶	こげ茶	3
I	こげ茶	ベージュ	こげ茶	3
J	淡茶	ベージュ	淡茶	4
K	淡茶	茶色	淡茶	3
L	淡茶	こげ茶	淡茶	3

配置図

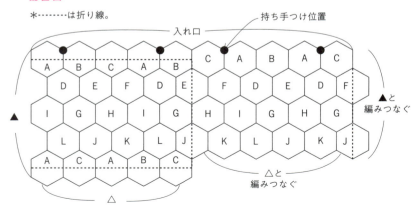

作り方

1 編み図と配色表を参照し、くさりで作り目をしてモチーフ45枚をつなぎながら編む（p.62参照）。
2 入れ口部分に茶色の糸で引き抜き編みのすじ編みを6段編む。
3 持ち手を編む。茶色の糸でくさり70目作り目をして5段編む。両端2.5cm残して巻きかがりではぎ合わせる（p.41「巻きかがりではぐ」参照）。中に持ち手用芯を通す。
4 持ち手を本体の編み地の裏側に巻きかがる。
5 内袋をつける。
   ❶ポケットの入れ口を1cmの三つ折りにして縫う。
   ❷ポケットの❶以外の辺を1cm裏側に折り、内袋の表側に縫いつける。
   ❸内袋を中表に半分に折り、両脇を縫う。
   ❹❸の縫い代を割り、入れ口を図のように三つ折りにして縫う。
   ❺内袋を編み地の中に入れ、入れ口にまつる。

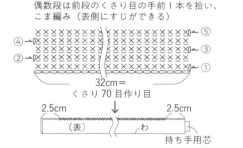

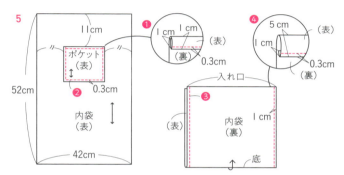

モチーフのつなぎ方と縁編みの編み方　＊6段めは前段のくさり目の手前1本を拾い、引き抜き編み。

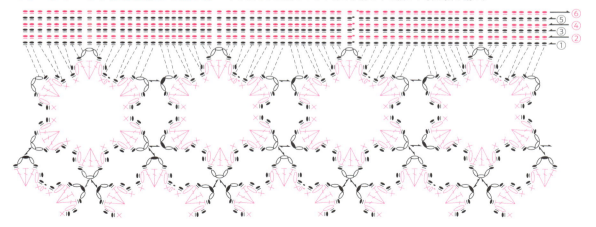

モチーフをつなぎながら編む（→の編み方）

❶ 針をはずし、1枚目のモチーフから矢印のように入れかえる

❷ 針にかかっている目を引き出す

❸ 針に糸をかけてつぎの目を編む

❹ 中央の目の頭がつながる

モノトーンのバッグ　→ p.10　でき上がりサイズ：約30cm×20cm

材料・道具
並太毛糸（ハマナカソノモノアルパカウール《並太》）
　生成り（61）…40g、グレー（64）…35g
並太毛糸（ハマナカエクシードウールL《並太》）
　黒（330）…40g
木綿布…内袋42cm×52cm、ポケット18cm×13cm
持ち手…2本
かぎ針6/0号、とじ針、縫い糸、縫い針

配色表

モチーフ	1段	2段	3段	4段	枚数
A	生成り	グレー	黒	生成り	21

編み図
でき上がりサイズ：約8.5cm×9cm

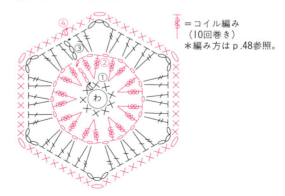

= コイル編み（10回巻き）
＊編み方はp.48参照。

配置図

作り方

1. 編み図と配色表を参照し、わで作り目をしてモチーフを21枚編む。
2. 配置図を参照し、生成りの糸でモチーフどうしを巻きかがりではぎ合わせる（p.41「巻きかがりではぐ」参照）。
3. あき口部分にグレーの糸で縁編みを6段編む。
4. 内袋をつける。
   ❶ポケットの入れ口を1cmの三つ折りにして縫う。
   ❷ポケットの❶以外の辺を1cm裏側に折り、内袋の表側に縫いつける。
   ❸内袋を中表に半分に折り、両脇を縫う。
   ❹❸の縫い代を割り、マチを縫う。
   ❺入れ口を図のように三つ折りして縫う。
   ❻内袋を編み地の中に入れる。内袋の入れ口は編み地の入れ口の幅に合わせてタックをとり、持ち手を間に挟んで、編み地の入れ口にまつる。

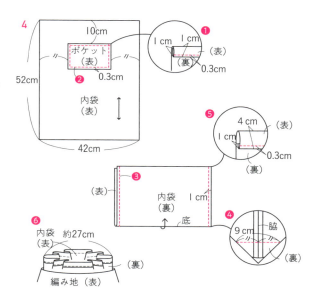

あき口の縁編み

*奇数段は引き抜き編みのすじ編み、偶数段は前段のくさり目の手前1本を拾い、引き抜き編みする（表側にすじができる）。

バク → p.11　でき上がりサイズ:約33cm×13cm×高さ16cm

材料・道具

並太毛糸（ハマナカアメリー）
　黒（24）…80g、グレー（30）…40g、
並太毛糸（ハマナカアルパカモヘアフィーヌ）
　白（1）…30g、ベージュ（2）…10g、
　淡茶（3）…5g

手芸用化繊綿…適量
直径13mmのボタン（黒）…2個
かぎ針4/0号、とじ針、縫い糸、縫い針

編み図

*1段めは立ち上がりのくさりを編まずに、
　作り目を引き抜いたあと針にかかっている糸の輪を、
　少し長めにしてそのまま中長編み2目の玉編みを編む。
*4段めの辺の中央のこま編みは、2段めの長編みの間に編み入れる。

〈六角形〉
でき上がりサイズ：約8cm×7.5cm

〈五角形〉
でき上がりサイズ：約7cm×7cm

〈八角形〉
でき上がりサイズ：約8.5cm×9cm

〈七角形〉
でき上がりサイズ：約7cm×7.5cm

作り方

1. 編み図と配色表を参照し、わで作り目をして八角形のモチーフを2枚、七角形のモチーフを2枚、六角形のモチーフを11枚、五角形のモチーフを19枚編む。
   ＊ハマナカアルパカモヘアフィーヌ（白、ベージュ、淡茶）は2本どりで編む。
2. 配置図を参照し、白いモチーフは白の糸、黒いモチーフは黒の糸、2色の境目は黒の糸で巻きかがりではぎ合わせる（p.41「巻きかがりではぐ」参照）。
3. 綿を入れる部分を残して、巻きかがりではぎ合わせる。
4. 3で残した部分から綿を適量入れ、巻きかがりでとじる。
5. 耳を編む。黒の糸でくさり1目作り目をして長編みで3段編む。同様に2個作り、配置図を参照してとじつける。
6. 配置図を参照して、ボタンを縫いつける。

配色表

〈八角形〉

モチーフ	1段	2段	3段	4段	5段	枚数
A	グレー	黒	黒	グレー	黒	1
B	ベージュ	白	白	淡茶	白	1

〈七角形〉

モチーフ	1段	2段	3段	4段	5段	枚数
C	ベージュ	白	白	淡茶	白	2

〈六角形〉

モチーフ	1段	2段	3段	4段	5段	枚数
D	グレー	黒	黒	グレー	黒	8
E	ベージュ	白	白	淡茶	白	3

〈五角形〉

モチーフ	1段	2段	3段	4段	5段	枚数
F	グレー	黒	黒	グレー	黒	17
G	ベージュ	白	白	淡茶	白	2

配置図
＊合印どうしを巻きかがる

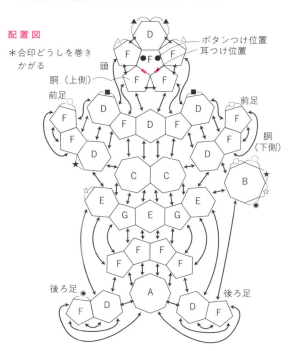

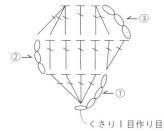

〈耳〉
くさり1目作り目

ゾウ → p.16　でき上がりサイズ：〔親ゾウ〕約35cm×15cm×高さ25cm、〔子ゾウ〕約25cm×11cm×高さ16cm

材料・道具

〔親ゾウ〕並太毛糸（ハマナカわんぱくデニス）
　濃ピンク（60）…50g、黄緑（53）…30g、
　淡茶（58）…30g、黄色（43）…30g、青（8）…30g、
　白（2）…25g、水色（47）…25g、ピンク（9）…20g、
　淡ピンク（56）…20g
直径21mmのボタン（黒）…2個
かぎ針4/0号

〔子ゾウ〕合太毛糸（ハマナカねんね）
　濃ピンク（6）…20g、黄緑（9）…10g、
　黄色（4）…10g、紺（12）…6g、水色（8）…6g、
　ピンク（5）…20g、紫（10）…5g、
　グレー（11）…5g、白（1）…4g
直径15mmのボタン（黒）…2個
かぎ針2/0号

〔共通〕
手芸用化繊綿…適量
とじ針、縫い糸、縫い針

作り方

1 編み図と配色表を参照し、わで作り目をして八角形のモチーフを1枚、七角形のモチーフを7枚、六角形のモチーフを12枚、五角形のモチーフを24枚、四角形のモチーフを1枚編む。
2 配置図を参照し、濃ピンクの糸で巻きかがりではぎ合わせる（p.41「巻きかがりではぐ」参照）。
3 綿を入れる部分を残して、巻きかがりではぎ合わせる。
4 3で残した部分から綿を適量入れ、巻きかがりでとじる。
5 耳用にモチーフBとC、DとEをそれぞれ外表に重ね、濃ピンクの糸でこま編みで1段編む。配置図を参照して三辺を胴の耳つけ位置に巻きかがりでとじる。
6 しっぽを作る。濃ピンクの糸でスレッドコード（p.68参照）を50目編む。これを3本編み、三つ編みに編んで糸端を結ぶ。編み始めを、配置図を参照してとじる。
7 ボタンは配置図を参照して縫いつける。

編み図　（〈四角形〉以外はp.64と共通）

〈八角形〉
でき上がりサイズ：〔親ゾウ〕約8.5cm×8.5cm、〔子ゾウ〕約6cm×6cm
〈七角形〉
でき上がりサイズ：〔親ゾウ〕約8cm×8cm、〔子ゾウ〕約6cm×6cm
〈六角形〉
でき上がりサイズ：〔親ゾウ〕約7.5cm×7.5cm、〔子ゾウ〕約5.5cm×5.5cm
〈五角形〉
でき上がりサイズ：〔親ゾウ〕約7cm×7cm、〔子ゾウ〕約4.5cm×4.5cm

＊1段めは立ち上がりのくさりを編まずに、
　作り目を引き抜いたあと針にかかっている糸の輪を、
　少し長めにしてそのまま中長編み2目の玉編みを編む。
＊4段めの辺の中央のこま編みは、2段めの長編みの間に編み入れる。

〈四角形〉
でき上がりサイズ：〔親ゾウ〕約5.5cm×5.5cm、〔子ゾウ〕約4cm×4cm

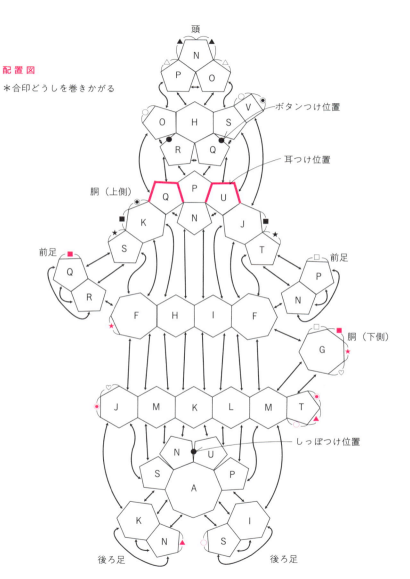

配色表

〔親ゾウ〕

〈八角形〉

モチーフ	1段	2段	3段	4段	5段	枚数
A	黄色	淡茶	淡茶	水色	濃ピンク	1

〈七角形〉

モチーフ	1段	2段	3段	4段	5段	枚数
B	青	黄色	黄色	淡茶	濃ピンク	1
C	ピンク	青	青	白	濃ピンク	1
D	淡茶	水色	水色	黄緑	濃ピンク	1
E	黄緑	淡ピンク	淡ピンク	黄色	濃ピンク	1
F	黄色	淡茶	淡茶	水色	濃ピンク	2
G	青	ピンク	ピンク	黄緑	濃ピンク	1

〈六角形〉

モチーフ	1段	2段	3段	4段	5段	枚数
H	青	ピンク	ピンク	黄緑	濃ピンク	2
I	ピンク	青	青	白	濃ピンク	2
J	黄色	白	白	淡茶	濃ピンク	2
K	淡茶	水色	水色	黄緑	濃ピンク	3
L	青	黄色	黄色	淡茶	濃ピンク	1
M	黄緑	淡ピンク	淡ピンク	黄色	濃ピンク	2

〈五角形〉

モチーフ	1段	2段	3段	4段	5段	枚数
N	淡茶	黄緑	黄緑	青	濃ピンク	5
O	黄色	淡茶	淡茶	水色	濃ピンク	2
P	黄色	白	白	淡茶	濃ピンク	4
Q	黄緑	淡ピンク	淡ピンク	黄色	濃ピンク	3
R	ピンク	青	青	白	濃ピンク	2
S	青	黄色	黄色	淡茶	濃ピンク	4
T	淡茶	水色	水色	黄緑	濃ピンク	2
U	青	ピンク	ピンク	黄緑	濃ピンク	2

〈四角形〉

モチーフ	1段	2段	3段	4段	5段	枚数
V	黄緑	淡ピンク	淡ピンク	黄色	濃ピンク	1

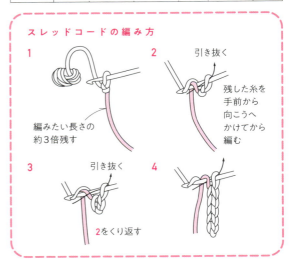

スレッドコードの編み方

1　編みたい長さの約3倍残す
2　引き抜く　残した糸を手前から向こうへかけてから編む
3　引き抜く　2をくり返す
4

〔子ゾウ〕

〈八角形〉

モチーフ	1段	2段	3段	4段	5段	枚数
A	黄色	グレー	グレー	水色	濃ピンク	1

〈七角形〉

モチーフ	1段	2段	3段	4段	5段	枚数
B	紺	黄色	黄色	グレー	濃ピンク	1
C	紫	紺	紺	白	濃ピンク	1
D	グレー	水色	水色	黄緑	濃ピンク	1
E	黄緑	ピンク	ピンク	黄色	濃ピンク	1
F	黄色	グレー	グレー	水色	濃ピンク	2
G	紺	紫	紫	黄緑	濃ピンク	1

〈六角形〉

モチーフ	1段	2段	3段	4段	5段	枚数
H	紺	紫	紫	黄緑	濃ピンク	2
I	紫	紺	紺	白	濃ピンク	2
J	黄色	白	白	グレー	濃ピンク	2
K	グレー	水色	水色	黄緑	濃ピンク	3
L	紺	黄色	黄色	グレー	濃ピンク	1
M	黄緑	ピンク	ピンク	黄色	濃ピンク	2

〈五角形〉

モチーフ	1段	2段	3段	4段	5段	枚数
N	グレー	黄緑	黄緑	紺	濃ピンク	5
O	黄色	グレー	グレー	水色	濃ピンク	2
P	黄色	白	白	グレー	濃ピンク	4
Q	黄緑	ピンク	ピンク	黄色	濃ピンク	3
R	紫	紺	紺	白	濃ピンク	2
S	紺	黄色	黄色	グレー	濃ピンク	4
T	グレー	水色	水色	黄緑	濃ピンク	2
U	紺	紫	紫	黄緑	濃ピンク	2

〈四角形〉

モチーフ	1段	2段	3段	4段	5段	枚数
V	黄緑	ピンク	ピンク	黄色	濃ピンク	1

帽子 → p.12　でき上がりサイズ:頭まわり約50cm

材料・道具
並太毛糸（ハマナカアメリー）
　淡グレー（22）…30g、緑（14）…10g、
　濃ピンク（32）…10g、からし色（41）…10g、
　淡紫（42）…10g、水色（11）…6g、
　オレンジ色（4）…4g
かぎ針6/0号、とじ針

作り方
1. 編み図と配色表を参照し、わで作り目をして六角形を4枚、五角形を10枚編む。
2. 配置図を参照し、淡グレーの糸で、モチーフどうしを巻きかがりではぎ合わせる（p41「巻きかがりではぐ」参照）。
3. 淡グレーの糸で頭まわり部分をこま編みで3段編む。

編み図
＊4段めの中長編みは、2段めの長編みの間に編み入れる。

〈六角形〉
でき上がりサイズ：約9cm×10.5cm

〈五角形〉
でき上がりサイズ：約9cm×9cm

配色表

〈六角形〉

モチーフ	1段	2段	3段	4段	5段	6段	枚数
A	からし色	水色	水色	緑	淡グレー	淡グレー	2
B	水色	淡紫	淡紫	濃ピンク	淡グレー	淡グレー	1
C	緑	濃ピンク	濃ピンク	オレンジ色	淡グレー	淡グレー	1

〈五角形〉

モチーフ	1段	2段	3段	4段	5段	6段	枚数
D	淡グレー	からし色	からし色	濃ピンク	淡グレー	淡グレー	3
E	オレンジ色	緑	緑	淡紫	淡グレー	淡グレー	3
F	水色	淡紫	淡紫	濃ピンク	淡グレー	淡グレー	2
G	緑	濃ピンク	濃ピンク	オレンジ色	淡グレー	淡グレー	2

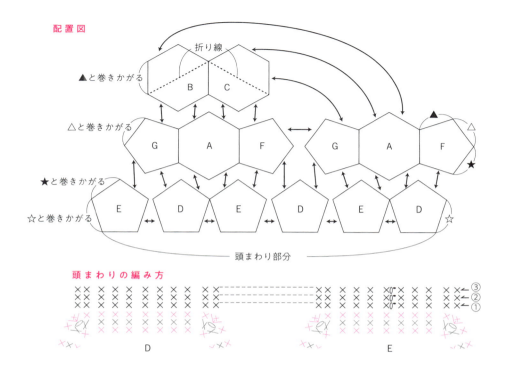

犬 → p.22 でき上がりサイズ:約30cm×10cm×高さ22cm

材料・道具
並太毛糸（ハマナカポアンティ《ラメ》）
　金ラメ（105）…34g
並太毛糸（ハマナカアメリー）
　ピンク（7）…40g、黄緑（33）…32g、青（16）…12g
手芸用化繊綿…適量
かぎ針5/0号、とじ針

編み図（p.70と共通）
〈六角形〉
でき上がりサイズ：A／約8.5cm×9cm、B／約9cm×9.5cm
〈五角形〉
でき上がりサイズ：約8cm×8cm

作り方

1. 編み図と配色表を参照し、わで作り目をして六角形のモチーフを10枚、五角形のモチーフを15枚編む。
2. 配置図を参照し、モチーフどうしを金ラメの糸で巻きかがりではぎ合わせる（p.41「巻きかがりではぐ」参照）。
3. 綿を入れる部分を残して、金ラメの糸で巻きかがりではぎ合わせる。
4. 3で残した部分から綿を適量入れ、巻きかがりでとじる。
5. ❶耳用にモチーフB2枚をそれぞれ外表に半分に折り、金ラメの糸で縁を巻きかがる。
   ❷しっぽ用にモチーフD1枚を外表に半分に折り、中に少し綿を入れてから金ラメの糸で縁を巻きかがる。
   ❸配置図を参照し、それぞれ指定の位置に巻きかがる。

配色表

〈六角形〉

モチーフ	1段	2段	3段	4段	5段	6段	枚数
A	青	ピンク	ピンク	黄緑	金ラメ		8
B	青	黄緑	黄緑	ピンク	金ラメ	金ラメ	2

〈五角形〉

モチーフ	1段	2段	3段	4段	5段	枚数
C	青	ピンク	ピンク	黄緑	金ラメ	6
D	青	黄緑	黄緑	ピンク	金ラメ	9

5

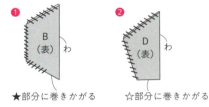

配置図

＊合印どうしを巻きかがる

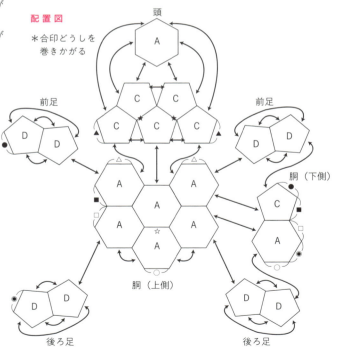

ペンギン → p.25　でき上がりサイズ：約23cm×12cm×高さ24cm

材料・道具
並太毛糸（ハマナカボアンティ《ラメ》）
　銀ラメ（106）…38g
並太毛糸（ハマナカアメリー）
　紫（43）…30g、水色（45）…28g、
　ピンク（7）…14g
手芸用化繊綿…適量
直径15mmのボタン（黒）…2個
かぎ針5/0号、とじ針、縫い糸、縫い針

編み図 (p.70と共通)
*モチーフA、Bと五角形は、編み図の5段めまで編む。

〈六角形〉
でき上がりサイズ：A、B／約8.5cm×9cm
　　　　　　　　　C／約9cm×9.5cm
〈五角形〉
でき上がりサイズ：約8cm×8cm

配色表

〈六角形〉

モチーフ	1段	2段	3段	4段	5段	6段	枚数
A	ピンク	水色	水色	紫	銀ラメ		2
B	ピンク	紫	紫	水色	銀ラメ		1
C	ピンク	紫	紫	水色	銀ラメ	銀ラメ	4

〈五角形〉

モチーフ	1段	2段	3段	4段	5段	枚数
D	ピンク	水色	水色	紫	銀ラメ	9
E	ピンク	紫	紫	水色	銀ラメ	5

配置図

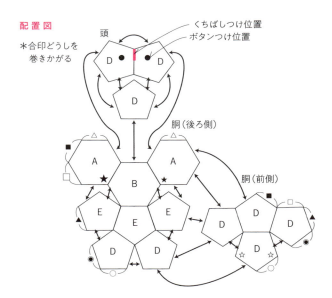

〈くちばし〉

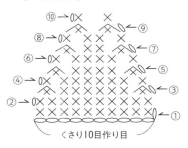

作り方

1. 編み図と配色表を参照し、わで作り目をして六角形のモチーフを7枚、五角形のモチーフを14枚編む。
2. 配置図を参照し、モチーフどうしを銀ラメの糸で巻きかがりではぎ合わせる（p.41「巻きかがりではぐ」参照）。
3. 綿を入れる部分を残して、銀ラメの糸で巻きかがりではぎ合わせる。
4. 3で残した部分から綿を適量入れ、巻きかがりでとじる。
5. 羽用にモチーフC2枚を外表に重ねて銀ラメの糸で縁を巻きかがる。これを2組作る。足用にモチーフE2枚を外表に半分に折って銀ラメの糸で縁を巻きかがる。配置図を参照し、それぞれ指定の位置に巻きかがる。
6. くちばしを編む。紫の糸でくさり10目作り目をしてこま編みで10段編む。両脇を紫の糸で巻きかがる。配置図を参照してとじつける。
7. ボタンを、配置図を参照して縫いつける。

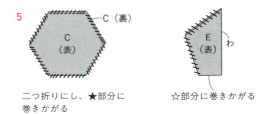

5

二つ折りにし、★部分に巻きかがる

☆部分に巻きかがる

マルチカバー → p.13　でき上がりサイズ：約80cm×50cm

材料・道具

並太毛糸（ハマナカアメリー）
　ピンク（7）…100g、クリーム色（2）…28g、
　オレンジ色（4）…11g、オフホワイト（20）…26g、
　サーモンピンク（27）…10g、濃ピンク（32）…27g、
　ライラック（42）…16g、サックスブルー（10）…18g
並太毛糸（ハマナカわんぱくデニス）
　ペールピンク（56）…24g
かぎ針4/0号、とじ針

作り方

1. 編み図と配色表を参照し、わで作り目をしてモチーフを41枚編む。
2. 配置図を参照し、ピンクの糸で、モチーフどうしを巻きかがりではぎ合わせる（p.41「巻きかがりではぐ」参照）。
3. 縁に、ピンクの糸でこま編みを1段編む（p.43「縁をつける」参照）。

編み図

＊4段めの長編みは、2段めのくさりを拾う。
でき上がりサイズ：約11cm×9.5cm

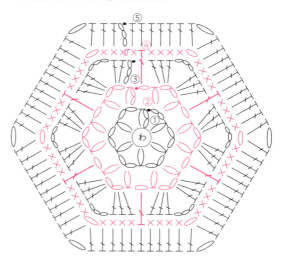

配色表

モチーフ	1段	2段	3段	4段	5段	枚数
A	オフホワイト	ピンク	オレンジ色	オフホワイト	濃ピンク	5
B	ペールピンク	クリーム色	ピンク	サックスブルー	ピンク	5
C	クリーム色	ペールピンク	サーモンピンク	クリーム色	ピンク	5
D	ペールピンク	ピンク	ライラック	サックスブルー	ピンク	5
E	オフホワイト	ペールピンク	ピンク	オフホワイト	濃ピンク	7
F	クリーム色	サックスブルー	ライラック	クリーム色	ピンク	6
G	ペールピンク	サーモンピンク	オレンジ色	ライラック	ピンク	2
H	クリーム色	ライラック	ペールピンク	クリーム色	ピンク	4
I	オフホワイト	サーモンピンク	濃ピンク	オフホワイト	ピンク	2

配置図

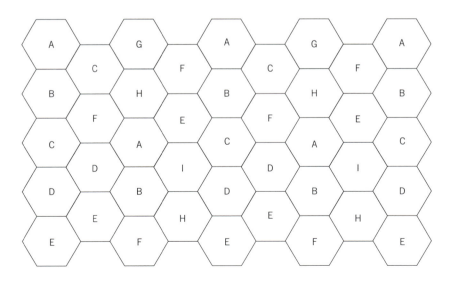

ネックウオーマー → p.14 でき上がりサイズ：約66cm×17cm

材料・道具
並太毛糸（ハマナカエクシードウールL《並太》）
　赤（335）…40g、ワインレッド（310）…20g、
　サーモンピンク（343）…15g、黄緑（345）…10g、
　からし色（351）…15g、ベージュ（302）…10g、
　ダークグリーン（320）…10g
直径12mmのボタン（赤）…3個
かぎ針4/0号、とじ針、縫い針、縫い糸

作り方
1 編み図と配色表を参照し、わで作り目をしてモチーフを11枚編む。
2 配置図を参照し、赤の糸で、モチーフどうしを巻きかがりではぎ合わせる（p.41「巻きかがりではぐ」参照）。
3 縁に、赤の糸でこま編みを1段編む（p.43「縁をつける」参照）。
4 両脇（★、☆）に赤の糸でこま編みを2段編む。★側に3か所ボタン穴を編む。
5 ☆側にボタンを縫いつける。

配色表

モチーフ	1段	2段	3段	4段	5段	枚数
A	ベージュ	からし色	赤	サーモンピンク	ワインレッド	2
B	ベージュ	からし色	黄緑	ワインレッド	赤	2
C	からし色	ベージュ	ダークグリーン	ワインレッド	赤	2
D	ベージュ	からし色	ワインレッド	サーモンピンク	赤	1
E	からし色	ベージュ	黄緑	サーモンピンク	赤	1
F	からし色	ベージュ	サーモンピンク	赤	ワインレッド	1
G	ベージュ	からし色	サーモンピンク	黄緑	赤	1
H	からし色	ベージュ	ワインレッド	サーモンピンク	赤	1

編み図
＊4段めの長編みは、2段めのくさりを拾う。

でき上がりサイズ：約10cm×10cm

配置図

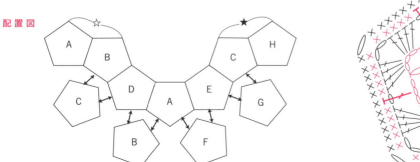
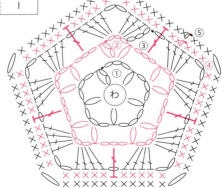

★の編み方

* ☆側はボタン穴をあけずに
1段めのくさり編み3目部分を
細編み2目に替える。

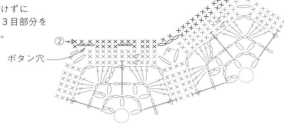

ボタン穴

ピンクッション → p.19　でき上がりサイズ：約8.5cm×8cm

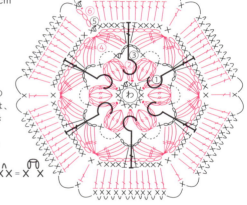

材料・道具

〔ブルー系〕合太毛糸（ハマナカねんね）
　白（1）…4g、水色（7）…2g、
　淡ブルー（8）…2g、グレー（11）…4g、
　紺（12）…4g

〔ピンク系〕合太毛糸（ハマナカねんね）
　白（1）…4g、ピンク（5）…4g、
　グレー（11）…4g、
　サーモンピンク（6）…4g

〔共通〕
合太毛糸（ハマナカエクシードウールFL《合太》）
　からし色（243）…1g
手芸用化繊綿…適量
かぎ針4/0号、とじ針

作り方

1 編み図と配色表を参照し、わで作り目をして
　モチーフを2枚編む。
2 モチーフ2枚を外表に重ね、〔ブルー系〕は
　紺の糸、〔ピンク系〕はサーモンピンクの糸
　で、縁編みを1段編む。途中、綿を入れなが
　ら編む。

編み図

* 5段めの長編みの
表引き上げ編みは、
2段めの引き抜き
編みに入れる。
でき上がりサイズ：
約8.5cm×8cm

配色表

〔ブルー系〕

モチーフ	1段	2段	3段	4段	5段	6段	枚数
A	からし色	白	白	水色	グレー	紺	1
B	からし色	淡ブルー	淡ブルー	白	水色	紺	1

〔ピンク系〕

モチーフ	1段	2段	3段	4段	5段	6段	枚数
A	からし色	白	白	ピンク	グレー	サーモンピンク	1
B	からし色	ピンク	ピンク	白	グレー	サーモンピンク	1

ポシェット →p.18　でき上がりサイズ:約23cm×24cm

材料・道具
並太毛糸（ハマナカドリーナ）
　黒（22）…92g、紫（5）…79g、淡紫（28）…34g、
　黄色（8）…27g
かぎ針6/0号、とじ針

作り方
1. 編み図と配色表を参照し、わで作り目をして六角形のモチーフを17枚、五角形のモチーフを4枚編む。
2. 配置図を参照し、黒の糸でモチーフどうしを巻きかがりではぎ合わせる（p.41「巻きかがりではぐ」参照）。
3. あき口部分に黒の糸でこま編みを1段編む（p.43「縁をつける」参照）。
4. 肩ひもを編む。紫の糸でくさり150目作り目をして2段編む。本体あき口の両脇内側にとじつける。
5. 留め具を編む。紫の糸でくさり22目作り目をして1段編む。本体あき口側面内側にとじつける。
6. ボタンを編む。黄色の糸でわで作り目をして1段編む。本体あき口側面外側にとじつける。

編み図
＊4段めの長編みは、2段めのくさりを拾う。

〈六角形〉
でき上がりサイズ：約7.5cm×9cm

〈五角形〉
でき上がりサイズ：約7.5cm×9cm

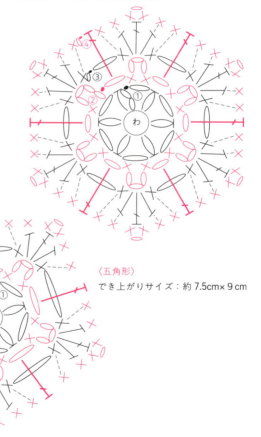

〈肩ひも〉

〈留め具〉

〈ボタン〉

配色表

〈六角形〉

モチーフ	1段	2段	3段	4段	枚数
A	黄色	淡紫	紫	黒	17

〈五角形〉

モチーフ	1段	2段	3段	4段	枚数
B	黄色	淡紫	紫	黒	4

配置図　＊------は折り線

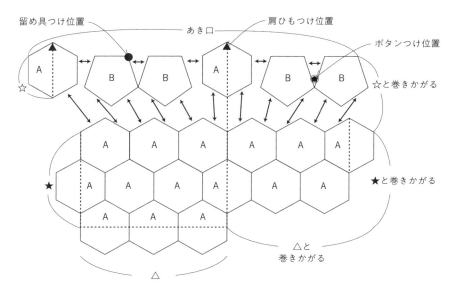

クッション → p.20　でき上がりサイズ:約33cm×35cm

材料・道具
並太毛糸（ハマナカアメリー）
　アイスグレー（10）…46g、紺（17）…60g、
　オイスターホワイト（1）…2g、
　オレンジ色（4）…16g、
　ピンク（7）…24g、水色（11）…3g、
　薄群青（16）…18g、グリーン（14）…3g、
　黄色（31）…18g
木綿地（紺）…34cm×36cmを2枚
手芸用化繊綿…110g
かぎ針5/0号

作り方
1 クッション本体を作る。木綿地2枚を中表に合わせ、返し口を残して縫い合わせる。返し口から表に返し、綿を詰めて返し口を閉じる。
2 編み図と配色表を参照し、わで作り目をしてモチーフを24枚編む。
3 配置図を参照し、アイスグレーの糸で、モチーフどうしをこま編みではぎ合わせる（p.42「こま編みではぐ」参照）。途中、中にクッション本体を入れ、すべての辺をはぎ合わせる。

編み図
＊5段めの長編みは、3段めの長編みの間に編み入れる。
でき上がりサイズ：約11cm×12cm

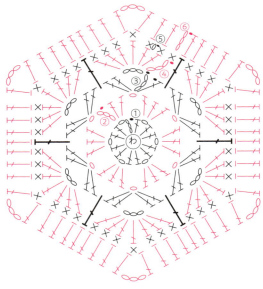

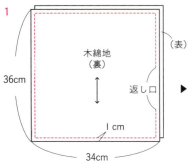

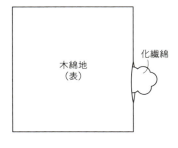

配色表

モチーフ	1段	2段	3段	4段	5段	6段	枚数
A	紺	水色	薄群青	アイスグレー	紺		6
B	紺	オレンジ色	ピンク	アイスグレー	紺		8
C	紺	グリーン	黄色	アイスグレー	紺		6
D	紺	オイスターホワイト	オレンジ色	アイスグレー	紺		4

配置図

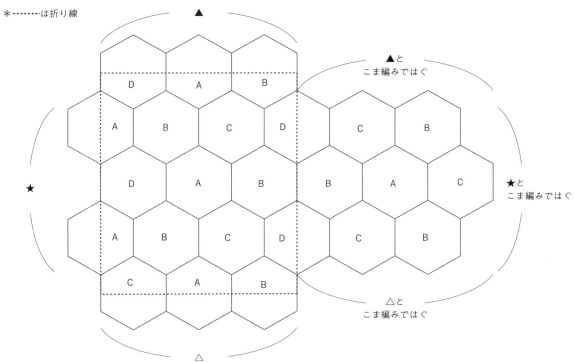

モヘアのバッグ →p.21　でき上がりサイズ:約39cm×32cm

材料・道具

中細毛糸（ハマナカコロポックル）
　黒（18）…42g
並太毛糸（ハマナカモヘア）
　水色（3）…12g、濃ピンク（62）…12g、
　紫（71）…12g、ピンク（72）…12g、
　ブルーグレー（68）…12g、ラベンダー（8）…12g、
　黄緑（80）…12g、グレー（63）…12g
木綿布…内袋38cm×27cmを2枚、ポケット16cm×13cm
フェルト（黒）…5cm×11cmを4枚
金具つき革持ち手…2本
かぎ針3/0号、とじ針、縫い糸、縫い針

作り方

1 編み図と配色表を参照し、くさりで作り目をしてモチーフを57枚編む。
2 配置図を参照し、黒の糸でモチーフどうしを巻きかがりではぎ合わせる（p.41「巻きかがりではぐ」参照）。
3 本体と見返しの合印どうしを巻きかがりではぎ合わせる。
4 内袋をつける。
　❶内袋の上端を1.5cmの三つ折りにして縫う。
　❷2枚を図のようにカットする。
　❸ポケットの入れ口を1cmの三つ折りにして縫う。
　❹ポケットの❷以外の辺を1cm裏側に折り、内袋1枚の表側に縫いつける。
　❺内袋の上端にフェルトをそれぞれ2枚ずつ縫いつける。
　❻内袋2枚を外表に合わせて縫う。
　❼❻を中表に合わせて縫う。
　❼内袋を編み地の中に入れ、見返しの端にまつりつける。フェルトの上端は、持ち手つけ位置のモチーフの角に合わせてカットし、見返しの内側に入れ込む。
5 持ち手の金具で入れ口の編み地とフェルトを挟んでつける。

編み図

でき上がりサイズ：約6.5cm×7cm

配色表

モチーフ	1段	2段	3段	4段	枚数
A		水色		黒	8
B		濃ピンク		黒	7
C		紫		黒	7
D		ピンク		黒	7
E		ブルーグレー		黒	7
F		ラベンダー		黒	7
G		黄緑		黒	7
H		グレー		黒	7

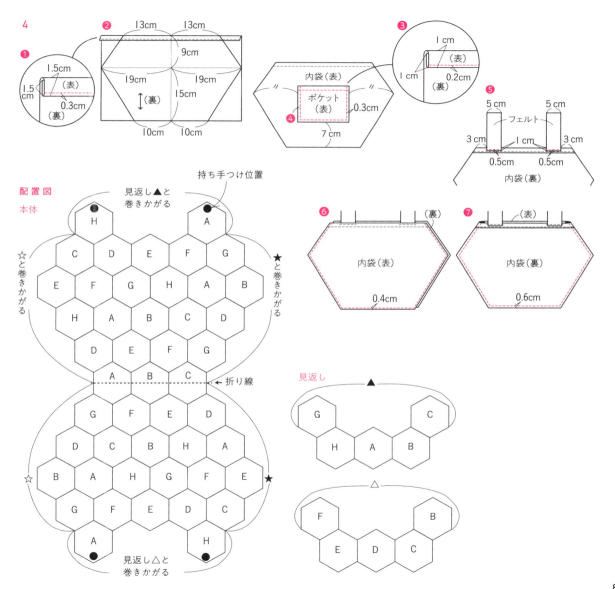

イルカ → p.24　でき上がりサイズ：約42cm×15cm×高さ18cm

材料・道具
合太毛糸（ハマナカピッコロ）
　白（１）…45g、青（13）…10g、藤色（37）…15g、
　紫（31）…10g、薄紫（14）…10g
手芸用化繊綿…適量
かぎ針3/0号、5/0号、とじ針

作り方
1. 編み図と配色表を参照し、くさりで作り目をして六角形のモチーフを13枚、五角形のモチーフを17枚編む。
2. 配置図を参照し、表側、裏側それぞれのモチーフを白の糸で巻きかがりではぎ合わせる（p.41「巻きかがりではぐ」参照）。
3. 綿を入れる部分を残して、表側と裏側を白の糸で巻きかがりではぎ合わせる。
4. 3で残した部分から綿を適量入れ、巻きかがりでとじる。尾用にモチーフD２枚、背びれ用にH１枚、胸びれ用にG２枚を、それぞれ外表に半分に折って白の糸で縁を巻きかがる。
5. 配置図を参照し、それぞれ指定の位置に巻きかがる。

編み図
＊モチーフA、B、E、Fはかぎ針5/0号、それ以外はかぎ針3/0号で編む。
＊4段めの長編みは、2段めの長編みの間に編み入れる。

〈六角形〉
でき上がりサイズ：
A・B／約7cm×8cm、
C・D／約6.5cm×7.5cm

〈五角形〉
でき上がりサイズ：
E・F／約8cm×7.5cm、
G・H／約7.5cm×7cm

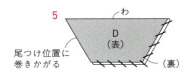

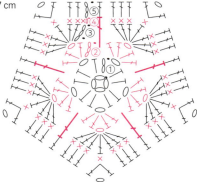

84

配色表

〈六角形〉

モチーフ	1段	2段	3段	4段	5段	枚数
A	藤色	青	藤色	藤色	白	4
B	薄紫	紫	薄紫	薄紫	白	2
C	藤色	白	藤色	藤色	白	4
D	薄紫	白	薄紫	薄紫	白	3

〈五角形〉

モチーフ	1段	2段	3段	4段	5段	枚数
E	藤色	青	藤色	藤色	白	4
F	薄紫	紫	薄紫	薄紫	白	4
G	藤色	白	藤色	藤色	白	4
H	薄紫	白	薄紫	薄紫	白	5

配置図

＊合印どうしを巻きかがる

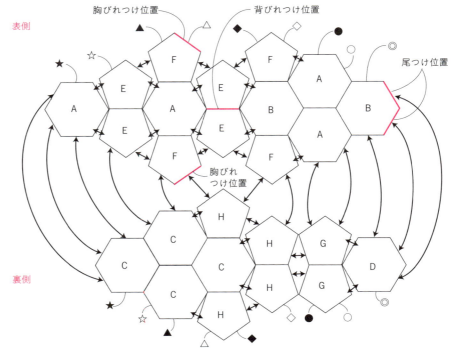

親子ガメ → p.26　でき上がりサイズ：〔親ガメ〕約27cm×21cm×高さ7cm、〔子ガメ〕約13cm×11cm×高さ3.5cm

材料・道具
合太毛糸（ハマナカピッコロ）
　白（1）…10g、黄緑（9）…20g、緑（24）…20g、
　水色（43）…10g
手芸用化繊綿…適量
かぎ針3/0号、5/0号、とじ針

作り方
1　編み図と配色表を参照し、くさりで作り目をして六角形のモチーフを4枚、五角形のモチーフを26枚編む。
2　配置図を参照し、〔親ガメ〕は表側のモチーフは白の糸、裏側のモチーフは緑の糸で巻きかがりではぎ合わせる（p.41「巻きかがりではぐ」参照）。〔子ガメ〕は表側、裏側それぞれのモチーフを黄緑の糸ではぎ合わせる。
3　綿を入れる部分を残して、〔親ガメ〕は表側と裏側を白の糸で巻きかがりではぎ合わせる。〔子ガメ〕は綿を入れる部分を残して、モチーフBどうしは緑の糸、Fどうしは黄緑の糸ではぎ合わせる。
4　はぎ残した部分から、それぞれ中に綿を適量入れ、巻きかがりでとじる。
5　尾用に〔親ガメ〕はモチーフD1枚を半分に折って緑の糸で、〔子ガメ〕はモチーフF1枚を外表に半分に折って黄緑の糸で図のように縁を巻きかがる。配置図を参照し、巻きかがっていない辺を開いて尾つけ位置に巻きかがる。
6　足用に〔親ガメ〕はモチーフD4枚をそれぞれ半分に折って緑の糸で、〔子ガメ〕はモチーフE4枚をそれぞれ外表に半分に折って黄緑の糸で図のように縁を巻きかがる。配置図を参照し、足つけ位置に巻きかがる。

編み図（p.85と共通）
＊モチーフA・Cはかぎ針5/0号、それ以外はかぎ針3/0号で編む。
＊モチーフEは編み図の3段まで、Fは編み図の2段まで編む。

〈六角形〉
でき上がりサイズ：A／約7cm×8cm、B／約6.5cm×7.5cm
〈五角形〉
でき上がりサイズ：C／約8cm×7.5cm、D／約7.5cm×7cm、
　　　　　　　　　E／約5.5cm×5cm、F／約3.5cm×3cm

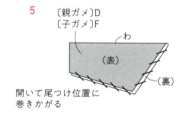

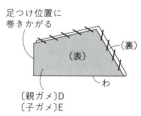

配置図

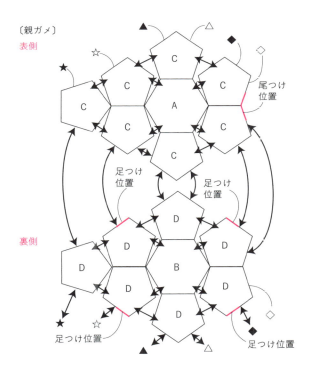

配色表

〈六角形〉

モチーフ	1段	2段	3段	4段	5段	枚数
A	水色	黄緑	緑	水色	白	1
B	水色	黄緑		水色	緑	3

〈五角形〉

モチーフ	1段	2段	3段	4段	5段	枚数
C	水色	黄緑	緑	水色	白	7
D	水色	黄緑		水色	緑	12
E	水色	黄緑				4
F	水色	黄緑				3

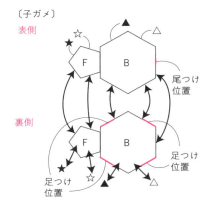

87

マット → p.27　でき上がりサイズ：約61.5cm×35cm

材料・道具
並太毛糸（ハマナカわんぱくデニス）
　黄色（43）…8g、ピンク（5）…36g、
　青（8）…27g、緑（46）…22g、
　オレンジ色（44）…24g、ベージュ（31）…31g
かぎ針5/0号、とじ針

作り方
1. 編み図と配色表を参照し、くさりで作り目をしてモチーフを24枚編む。
2. 配置図を参照し、ベージュの糸で、モチーフどうしを巻きかがりではぎ合わせる（p.41「巻きかがりではぐ」参照）。
3. 縁に、ベージュの糸でこま編みを2段を編む（p.44「縁をつける」参照）。

配色表

モチーフ	1段	2段	3段	4段	5段	6段	枚数
A		青	ピンク	緑		ベージュ	8
B		黄色	ピンク	オレンジ色		ベージュ	8
C		黄色	ピンク	青		ベージュ	8

編み図
＊4段めの長編みは、2段めのこま編みに編み入れる。
でき上がりサイズ：約8.5cm×9.5cm

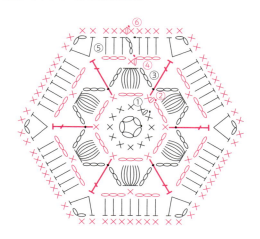

配置図

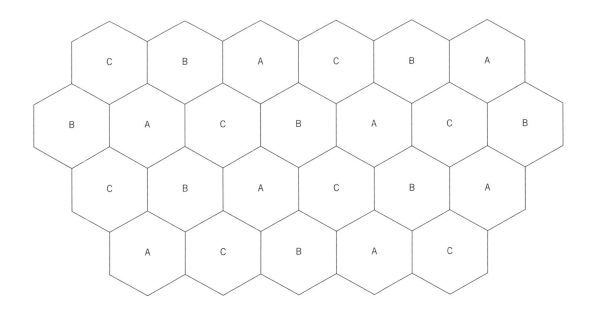

クラッチバッグ → p.28　でき上がりサイズ：約29cm×19cm

材料・道具

〔赤系〕
並太毛糸（ハマナカアメリー）
　赤（5）…55g、紺（17）…40g、
　オフホワイト（20）…30g、黄色（31）…15g
4cmのダッフルボタン（生成り）…1個

〔オレンジ色系〕
並太毛糸（ハマナカアメリー）
　オレンジ色（4）…55g、黄色（31）…40g、
　赤紫（19）…30g、オフホワイト（20）…15g
4cmのダッフルボタン（黒）…1個

〔共通〕
木綿布…内袋28cm×40cm
かぎ針4/0号、とじ針、縫い糸、縫い針

作り方

1. 編み図と配色表を参照し、くさりで作り目をして六角形のモチーフを28枚、六角形1/2のモチーフを6枚編む。
2. 配置図を参照し、〔赤系〕は赤の糸、〔オレンジ色系〕は黄色の糸でモチーフどうしを裏を見て（中表に合わせて）こま編みではぎ合わせる（p.42「こま編みではぐ」参照）。ボタン穴部分ははぎ合わせない。
3. ふたの縁に、〔赤系〕は赤の糸、〔オレンジ色系〕は黄色の糸でこま編みを1段編む（p.43「縁をつける」参照）。内袋をつける。
4. ❶内袋を中表に半分に折り、両脇を縫う。
   ❷❶の縫い代を割り、マチを縫う。
   ❸内袋の入れ口を1cm裏側に折って編み地の中に入れ、編み地の入れ口にまつる。
5. 側面にボタンを縫いつける。
6. 〔赤系〕は赤の糸、〔オレンジ色系〕は黄色の糸でタッセルを作り、脇につける。

編み図

＊3段めの辺の中央の長編みは、1段めの長編みの間に編み入れる。

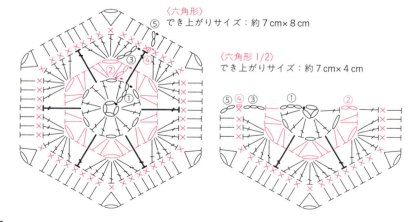

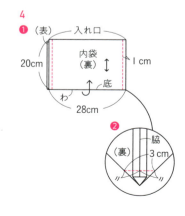

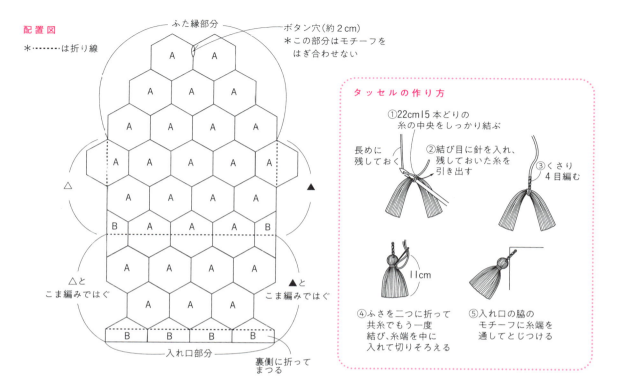

配色表

〔赤系〕

〈六角形〉

モチーフ	1段	2段	3段	4段	5段	枚数
A	オフホワイト	オフホワイト	紺	黄色	赤	28

〈六角形1/2〉

モチーフ	1段	2段	3段	4段	5段	枚数
B	オフホワイト	オフホワイト	紺	黄色	赤	6

〔オレンジ色系〕

〈六角形〉

モチーフ	1段	2段	3段	4段	5段	枚数
A	赤紫	赤紫	黄色	オフホワイト	オレンジ色	28

〈六角形1/2〉

モチーフ	1段	2段	3段	4段	5段	枚数
B	赤紫	赤紫	黄色	オフホワイト	オレンジ色	6

メガネケース → p.31　でき上がりサイズ:約9cm×20cm

材料・道具
〔茶系〕
合太毛糸（ハマナカエクシードウールFL《合太》）
　　からし色（243）…13g、こげ茶（206）…10g、
　　淡茶（231）…9g、茶色（205）…6g
〔グリーン系〕
合太毛糸（ハマナカエクシードウールFL《合太》）
　　黄緑（241）…12g
合太毛糸（リッリモアパーセント）
　　オレンジ色（86）…13g、黄色（101）…13g
〔共通〕
木綿布（裏布用）…25cm×25cm
直径1cmのスナップボタン…1組
かぎ針4/0号、とじ針、縫い糸、縫い針

作り方
1 編み図と配色表を参照し、わで作り目をして六角形のモチーフ7枚、六角形1/3のモチーフを4枚編む。
2 配置図を参照し、〔茶系〕はからし色の糸、〔グリーン系〕は黄緑の糸でモチーフどうしを巻きかがりではぎ合わせる（p.41「巻きかがりではぎ」参照）。
3 〔茶系〕はこげ茶の糸、〔グリーン系〕は黄緑の糸でまわりを長編みと長々編みで1段縁を編む。
4 編み地の大きさよりひと回り小さい大きさに縫い代1cmつけて布地を裁ち、編み地の裏側に縫い代を折りながらまつりつける。
5 編み地を外表で二つ折りにし、〔茶系〕はこげ茶の糸、〔グリーン系〕は黄緑の糸で、巻きかがりではぎ合わせる。
6 内側にスナップボタンを縫いつける（4図参照）。

編み図
＊5段めの長編みは、3段めのくさりのループを拾う。

〈六角形〉でき上がりサイズ:約6.5cm×6cm　　〈六角形1/3〉でき上がりサイズ:約3cm×4cm

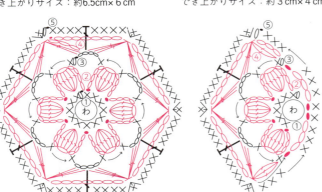

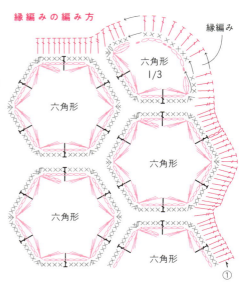

縁編みの編み方

4

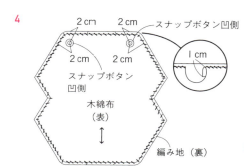

木綿布と編み地を外表に重ね、
木綿布の縫い代を1cmを内側に
折りながらまわりを縫う

5

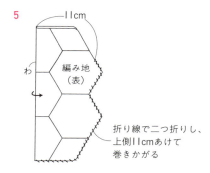

折り線で二つ折りし、
上側11cmあけて
巻きかがる

配色表

〔茶系〕

〈六角形〉

モチーフ	1段	2段	3段	4段	5段	枚数
A	からし色	こげ茶	淡茶	淡茶	からし色	2
B	からし色	茶色	淡茶	淡茶	からし色	2
C	からし色	淡茶	茶色	茶色	からし色	1
D	からし色	淡茶	こげ茶	こげ茶	からし色	2

〈六角形 1/3〉

モチーフ	1段	2段	3段	4段	5段	枚数
E	からし色	こげ茶	淡茶	淡茶	からし色	2
F	からし色	淡茶	こげ茶	こげ茶	からし色	2

〔グリーン系〕

〈六角形〉

モチーフ	1段	2段	3段	4段	5段	枚数
A	オレンジ色	黄緑	黄色	黄色	オレンジ色	6
B	黄色	黄緑	オレンジ色	オレンジ色	黄色	1

〈六角形 1/3〉

モチーフ	1段	2段	3段	4段	5段	枚数
C	オレンジ色	黄緑	黄色	黄色	オレンジ色	4

配置図

*〔 〕内はグリーン系作品の配置

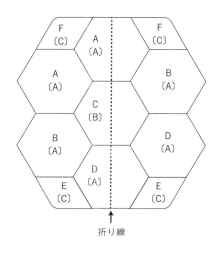

ボール → p.32 でき上がりサイズ:直径約21cm

材料・道具
並太毛糸（ハマナカドリーナ）
　茶色（19）…90g、生成り（21）…60g、
　黄緑（10）…36g、赤（12）…31g、
　オレンジ色（7）…30g、青（3）…27g、
　紫（5）…21g
直径20cmの発泡スチロールボール…1個
かぎ針5/0号、とじ針

作り方
1. 編み図と配色表を参照し、わで作り目をして六角形のモチーフを5枚、五角形のモチーフを12枚編む。
2. 配置図を参照し、茶色の糸で巻きかがりではぎ合わせる（p.41「巻きかがりではぐ」参照）。
3. 途中、スチロールボールを入れ、巻きかがりではぎ合わせる。

編み図
＊4段めの長編みは、〈六角形〉は2段めの長編み、〈五角形〉は2段めの中長編みの間に編み入れる。

〈六角形〉
でき上がりサイズ：約12cm×11.5cm

〈五角形〉
でき上がりサイズ：約9.5cm×9cm

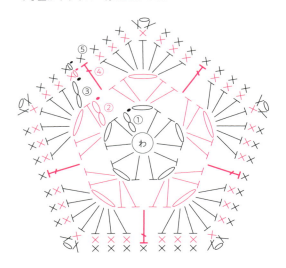

配置図

＊合印どうしを合わせる

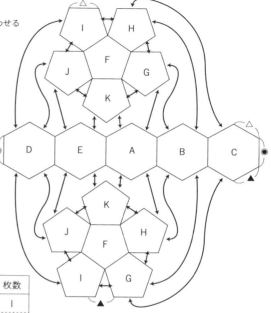

配色表

〈六角形〉

モチーフ	1段	2段	3段	4段	5段	枚数
A	茶色	黄緑	赤	生成り	茶色	1
B	茶色	紫	オレンジ色	生成り	茶色	1
C	茶色	青	赤	生成り	茶色	1
D	茶色	オレンジ色	黄緑	生成り	茶色	1
E	茶色	赤	オレンジ色	生成り	茶色	1

〈五角形〉

モチーフ	1段	2段	3段	4段	5段	枚数
F	茶色	青	オレンジ色	生成り	茶色	2
G	茶色	黄緑	赤	生成り	茶色	2
H	茶色	赤	青	生成り	茶色	2
I	茶色	紫	黄緑	生成り	茶色	2
J	茶色	オレンジ色	紫	生成り	茶色	2
K	茶色	青	黄緑	生成り	茶色	2

監修　菊地 正

ニットファッションコーディネーター。「ニットは点から出発する創造の世界である」との信念に基づき、数多くの著書を発刊。さらにショウの演出など幅広い視点から豊かな創造の世界を表現。また初心者のための「JACA手あみ講座」／「JACAニットデザイン養成講座」の講師として、後進の指導も行う。JACAからは現在活躍中のニットデザイナーが数多く輩出している。
株式会社エスカルゴ　代表取締役
JACA日本アートクラフト協会　理事長
http://www.jaca-escargot.co.jp
東京モード学園　ニットデザイン担当講師

フラワーモチーフでつくる　あみぐるみと小もの

2018年10月20日　第1刷発行
2024年8月20日　第3刷発行

監修者　菊地　正
発行者　竹村　響
印刷所　TOPPANクロレ株式会社
製本所　TOPPANクロレ株式会社
発行所　株式会社日本文芸社
　　　　〒100-0003　東京都千代田区一ツ橋1-1-1　パレスサイドビル8F

Printed in Japan　112180925-112240809 Ⓝ03（200003）
ISBN978-4-537-21613-4
URL https://www.nihonbungeisha.co.jp/
© NIHONBUNGEISHA　2018
編集担当　吉村

印刷物のため、作品の色は実際と違って見えることがあります。ご了承ください。
本書の一部または全部をホームページに掲載したり、本書に掲載された作品を複製して店頭やネットショップなどで無断で販売することは、著作権法で禁じられています。
乱丁・落丁などの不良品、内容に関するお問い合わせは
小社ウェブサイトお問い合わせフォームまでお願いいたします。
ウェブサイト　https://www.nihonbungeisha.co.jp/

法律で認められた場合を除いて、本書からの複写・転載（電子化を含む）は禁じられています。また、代行業者等の第三者による電子データ化および電子書籍化は、いかなる場合も認められていません。

作品デザイン・製作

あ.Mu-!、新井 翔、一郡えみり（デザイン）、
榎本レイ子、大住秩詞子、小川佳代子、鹿野陽子、
鎌野玲子（製作）、菊池洋子（製作）、
五月女きみ代、ZIZAI工房、白戸薫、孫孟君、
深津よね子、まるも多香子

材料・道具提供

ハマナカ株式会社
〒616-8585　京都市右京区花園薮ノ下町2番地の3
TEL 075-463-5151（代）
http://www.hamanaka.co.jp/

撮影協力

CARBOOTS　TEL 03-3464-6868
UTSUWA　TEL 03-6447-0070
AWABEES　TEL 03-5786-1600

STAFF

撮影	天野憲仁（日本文芸社）
スタイリング	鈴木亜希子
ヘア＆メイク	KOMAKI
モデル	アデレード ヤング（シュガーアンドスパイス）
デザイン	三上祥子（Vaa）
トレース	八文字則子
作り方解説	田中利佳、海老原順子
編集協力	海老原順子